AF555192

AUX DÉFENSEURS

DE

DON CARLOS

AUX DÉFENSEURS

DE

DON CARLOS

ÉCRIT EN

FRANÇAIS ET ESPAGNOL

PAR

Le Chevalier Don J. de CAMPOS

OFFICIER DES ARMÉES ROYALES.

TOURS
CATTIER, ÉDITEUR
26 et 28, rue de la Scellerie.

PARIS
LARCHER, LIBRAIRE
rue Bonaparte, 57.

1875

A LOS DÉFENSORES

DE

DON CARLOS

ESCRITO EN

ESPANOL Y FRANCES

POR

El Caballero Don J. de CAMPOS

OFICIAL DE LOS RÉALES ÉJÉRCITOS

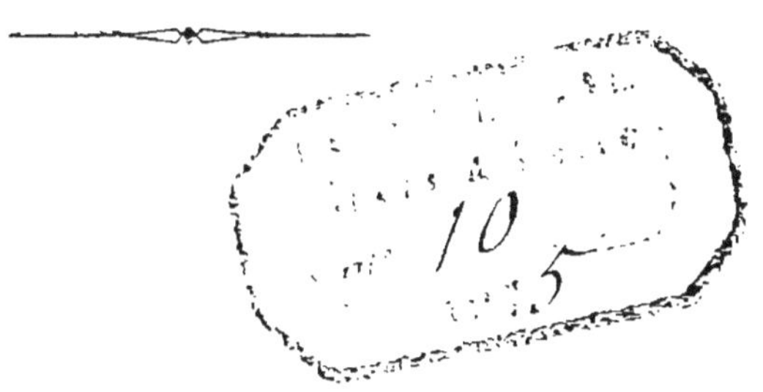

TOURS
CATTIER, ÉDITEUR
26 et 28, rue de la Scellerie.

PARIS
LARCHER, LIBRAIRE
rue Bonaparte, 57.

1875

Carlistes,

Le 29 septembre 1868, une révolution fomentée et conduite par quatre aventuriers traîtres à leur patrie et à leur reine, faisait prendre la route de l'exil à dona Isabelle de Bourbon, alors reine des Espagnes et des Indes.

Le 30 décembre 1874, une autre révolution, conduite par la plupart des hommes qui avaient fait celle de 1868, a mis sur le même trône le fils de la même reine, sous le nom usurpé de don Alphonse XII. Pour détrôner sa mère, ils avaient corrompu la marine et l'armée. Pour couronner le fils, ils ont séduit la marine et l'armée; car le peuple a été compté pour rien dans ce dernier changement, aussi bien que dans le premier: il a pavoisé les rues, les balcons et les fenêtres, et a crié vive don Alphonse XII. En 1868, il avait aussi pavoisé les rues, les balcons et les fenêtres, et avait crié : A bas les Bourbons ! vive Serrano ! vive Prim ! vive Topete ! vive la liberté ! avec d'autres expressions qu'on ne peut décemment répéter. Le peuple est toujours resté muet, dans toutes les circonstances, jusqu'au moment où l'armée l'a contraint

Carlitas,

El 29 de setíembre de 1868, una revolucíon impia mandada por cuatro aventureros, traídores á su patriá y á su reína, hacían tomar el camino de la emígracion á doña Isabel de Borbon, entances reína de las Españas et de las Indías.

El 30 de díciembre de 1874, otra revolucíon mandada por la mayor parte de los hombres que habían echo la de 1868, a puesto sobre el mísmo trono á el híjó de la mísma reína, títulandosé Alfonso XII. Para destronar la madre habían, corrompído la mariná y el éjércíto. Para coronar á el híjó, han seducído la mariná y el éjércíto. Por que el pobre pueblo, no á contado por nada, tanto en la una como en la otra, el á puesto colgaduras en las calles y balcones, el á grítado, viva don Alfonso XII. En 1868, tambíen habían, calgado las calles, los balcones y gritado abajó los Borbones y otras cosas que yo no debo ní puedo pronuncíar á quí : Viva Serrano ! Viva Prin ! Viva Topete ! Viva la Líbertad ! El pueblo á estado impasible en tadas las ocasiones en que el éjércíto hasido el prímero à crier. Le peuple criait mais l'armée seule agissait, avons-nous dit, en 1868.

En 1870, le peuple et l'armée acclamèrent encore l'arrivée d'un prince étranger sur le sol espagnol, qui prit le nom d'Amédée Ier. Il était appelé par ces mêmes hommes qui avaient chassé leur bienfaitrice, et qui avaient crié : Plus de rois en Espagne !

Deux ans après, ce même roi reprenait la route de sa patrie, accompagné par l'armée espagnole, et le peuple le vit sortir du territoire d'Espagne sans faire entendre un mot de regret.

Peu après, l'armée envahissait les Cortès (Assemblée), et dispersait par la force, ceux que la nation avait nommés. Le peuple resta silencieux ; mais si on l'y avait forcé, il aurait acclamé comme deux jours après il fit entendre les cris de : Vive Serrano !... président de la République.

J'ai vu ce même peuple et cette même armée, qui aujourd'hui proclament Alphonse XII, détrôner sa mère et proclamer un gouvernement qu'on nomma le gouvernement de la liberté, et qui eut pour chefs Serrano, Prim et Topete. Je les ai vus faire irruption dans les hôtels de ville, mettre en pièces les portraits de dona Isabelle et de ce même Alphonse XII. J'ai vu ce peuple détruire les armoiries et tout ce qui appartenait à la royauté. Je les ai vus insulter le clergé, chasser les religieuses des

á dar el grito. El pueblo gritaba y el éjército obraba, hemos dicho en 1868.

En 1870, el pueblo y el éjército gritaban, cuando en el suelo español entraba para gobernarle un príncipe estrangero, titulado Amadeo 1°. Llamado por esos mismos hombres que habían puesto á la puerta á su bien hechora y que habían dicho, no mas reyes.

Dos años despuas, esé mismo rey, tomaba el camino de su lígitima patría, sín que el pueblo díjéra una palabra y a compañado por el éjército hasta salir del territorio español.

Poco despues, el éjército entraba en las Cortes y por la füerza, disolvía loque la nacion habia nombrado, y mandando cada diputado á su casa. El pueblo miraba sín decír una palabra, y sí le hubier an dícho de grítar, el lo hubiera echo como dos dias despues gritaba viva Serrano, Presidente de la Republica.

Yo hé vísto esé mismo pueblo y esé mismo éjército que hoy proclamá Alfonso XII, destronar su madre y proclamar la libertad, mandada por Serrano, Prin, Topete y compañiá, entrar en las casas Ayuntamientos, hacer mil pedazos los retratos de doña Isabel y de esé mismo Alphonso XII. Yo los he visto destruir, las armas y todo lo que per tenecia á la reina, así como insultar y escupír á el pobre cléro, echar de los conventos las monjás diciendalas frases imposibles de escríbirlas y hacer

couvents, les accablant d'injures et de blasphèmes, transformer en monnaies les cloches des églises. J'ai vu ce peuple, et cette armée surtout, (j'étais dans ses rangs, muet de rage et d'étonnement.) Je les ai vus, dis-je, défiler devant une voiture où se trouvait le Président de la Junte du pouvoir exécutif (dans chaque ville il y en avait un), au chant de l'hymne de *Riégo* (chant patriotique comme la *Marseillaise)*, ils criaient : Vive Serrano ! .. vive Prim !... vive Topete !... vive le Président de la Junte du pouvoir exécutif !... vive la Révolution de septembre et à bas les Bourbons !

Oui ! je les ai vus, et beaucoup de ceux qui liront ces pages les ont vus comme moi.

Eh bien ! toutes ces troupes étaient commandées par ces mêmes généraux, qui avaient crié : vive Isabelle II, chaque jour de parade ou de revue.

Dans ce moment ils criaient : vive Serrano, Prim, etc. ; ensuite ils ont crié vive Amédée Ier ! puis ensuite : vive la République ! et aujourd'hui ils crient vive Alphonse XII ! Le peuple criait, l'armée criait. Pourquoi criaient-ils ? Vous ne le savez pas ? Je vais vous le dire, mes braves amis.

C'est à vous que je m'adresse, braves, fidèles et courageux défenseurs de la religion et de don Carlos VII.

Vous aussi, ils voudraient vous tromper et vous séduire, vous encore plus que les autres ; car ils ont

dínero de las campanas de las iglasias. Yo he visto esé pueblo y esé éjércíto sobre todo (yo estaba en el, y me acuerdo que mís labiós estaban mudos y que mí corozon quería salír de su puesto de rabiá), yo le he visto hedícho, desfilar delante de un coche, en el que se encontraba el Presidente y la junta del poder ejécutivo (se sabe que en cada provincia habiá uno) al son del himno de *Riego*, gritar : viva el Presidente de la junta del poder ejécutivo ! víva Serrano ! víva Prin ! víva Topete ! víva la revolucion de setíembre, y abajó les Borbones.

Sí, yo los he vísto y muchos de los que leeran mís pagínas, como yo lo hanvísto tambien.

Y bien, todas esas tropas estaban mandadas por esos mismos generales que habían grítado viva Isabel II, coda día de parada ó de revísta, y que en ese momento gritabam ; viva Serrano, Prim y campañiá, que despues habían grítado : víva Amadeo 1° ! despues : víva la Republica, y hoy grítan : víva Alfonso XII El pueblo grítaba, el éjércíto gritaba. Y por que gritaban y grítan ? Yo voy á decíroslo mis bravos amígos.

A vasotros és á quien yo me diríjó, bravos, fieles et corajosos defensores de la religíon y de Don Carlos VII.

Por que á vasotros tambien querran engañaros y seduciros, á vasotros mas que á otros, por que os

peur de vous et tremblent en prononçant votre nom.

Oui !... c'est à vous que je m'adresse : Écoutez la voix d'un vrai et sincère ami qui vous parle, d'un ami qui ne désire que le triomphe de la religion, de la légitimité et votre bien : car votre bien sera le sien et celui du monde entier ; d'un ami qui a bien souffert, et qui ne se plaint pas ; car s'il a souffert, c'est pour le bien de la religion et de sa patrie.

Écoutez ! écoutez ! Pourquoi cette armée et ce peuple ont-ils acclamé et acclament-ils encore ? L'armée acclamait, parce que tous les gouvernements usurpateurs lui avaient fait de belles promesses : Aux chefs, officiers, sergents et simples caporaux, on avait promis des grades ; aux soldats, deux années de moins de service ; au peuple, l'armement, la liberté d'octroi, la diminution de la moitié ou du quart des contributions, le travail, enfin toutes les libertés et tous les avantages que le peuple désirait.

Quatre mois plus tard, les chefs, officiers, sergents et soldats avaient obtenu ce qu'on leur avait promis ; mais le pauvre peuple, qui avait tant crié, se mourait de faim. On le désarmait par la force armée ; car l'armée étant contente, on se souciait peu du peuple. Les contributions devenaient plus lourdes encore que pendant le règne de dona Isabelle ; les droits étaient plus considérables, et les soldats, menaçant la foule, lui signifiait de

tienen miedo, y tíemblan al pronunciar vuestro nombre.

Si, es a vasotros que yo me diríjó y escuchar la voz de un verdadero amígó que no desea otra cosa que el tríunfo de la religion de la legítimítad y vuestro bien, por que vuestro bien sera el suyó y el del mundo entero, de un amígó que á sufrído mucho, pero que no se quejá, por que si el á sufrído asído, por el bien de la religion y de su patria.

Escuchar, y sabreís por que esé éjércíto y esé pueblo á grítado y gríta.

El éjércíto grítaba, por que todos los gobiernos que se ham sustítuido los habían prometido montes y calvavíos, á los gefes, oficiales, sargentos y cabos, grados, á los soldados dos años de rebaja y al pueblo, el armamento, la libertad, de puertas, dejarles á la mítado á una cuarta parte de la contribucion impuesta, el trabajó, y entintodas las buenas cosas y las libertades deseadas.

Cuatro meses mas tarde, los gefes, oficiales, sargentos, cabos y soldados habían obtenído lo prometído, pero el pobre pueblo que tanto habiá grítado, se moriá de hambre, y le desarmaban por la fuerza del éjércíto, por que estando contentó el éjércíto, era cuanto querian. Las contribuciones eran mas grandes que en el reínado de doña Isabel, los derechos de puertas habían aumentado, y con la fuerza de las bayonetas decían al pueblo de no moverse, el

ne pas bouger. Le peuple se laissa effrayer, et il ne bougea pas.

Le gouvernement de ces hommes était intolérable : tout le monde gémissait en secret, car il ne pouvait pas le faire à découvert.

Le clergé, les vieillards, les veuves et les orphelins, le peuple entier, mouraient de faim et de misère. Les usurpateurs ne pouvant s'entendre entre eux, et voyant que le peuple et l'armée commençaient à ouvrir les yeux, prévoyant qu'ils seraient perdus si la lumière venait à se faire, ils frappèrent à toutes les portes, dans les cours d'Europe, pour en obtenir un roi qui pût les protéger et porter en même temps la responsabilité de leurs crimes.

On le trouva, et le prince arriva. Deux jours avant le couronnement du souverain, un des chefs de la révolution tombait lâchement assassiné par ces mêmes hommes qui étaient ses amis, et qu'il avait nommés ministres, ambassadeurs, gouverneurs, etc. Mais leur bienfaiteur commençait à être un obstacle pour eux : il fallait s'en débarrasser.

Le peuple se taisait, car l'armée était gagnée et prête à étouffer toute protestation dans le sang. Pendant ce temps, le peuple mourait de faim, tout en se croyant au terme de ses souffrances ; mais le peuple se trompait, car ce prince voyant la déplorable situation de l'Espagne, voyant à quels hommes il avait affaire, comprit l'impossibilité de

pueblo se dejába hacer sin moverse y sín abrir la boca, por que las armas le hacían míedo.

El gobierno de esos hambres, era odiósó, todo el mundo grítaba y lloroba en secreto, por que a descubíerto, no podia hacerlo.

El cléro, los ancianos, los viudas, los huerfanos y el pueblo entero, moriá de hambre y de míseria. No pudíendo entenderse entre eyos y comprendíendo que á la fin el pueblo y el éjércíto empezarián á abrir los ajós y que una vez abíertos seriá su perdída, llamaban á todas las puertas de las casas reales estrangeras, por haber un principe como rey, que les protegiese y sabré el cual cayese toda la responsabilidad.

Le encuentran! y el principe llega. Dos diás ántes de sentarse sobre el trono, uno de los primeros hombres de la revolucion era traidoramente asesinado por esos mismos hombres que eran sus amígos y à los que el habiá echo minístros, embájadores, gobernadores, etc., pero como empezaba á ser un obstaculo para eyos, era preciso deshacerse de el.

El pueblo, no decia nada, por que el éjércíto estaba ganado y dispuesto á caer sobre el prímero que díjéra una palabra, y despues que el pueblo moriá de hambre y creía encontrar un pedazo de pan, pero el pobre pueblo se engañaba, por que ese principe viendo como se encontraba la España, y los hombres que le radehaban, que era imposible

faire riend utile avec eux : il comprit qu'il ne pourrait satisfaire leur ambition : et voyant en même temps que le roi légitime d'Espagne don Carlos rentrait par la frontière française pour reconquérir son trône, ce prince abandonnait ses États et se retirait dans sa patrie.

Alors, que restait-il à ces hommes pour se soutenir, et pour décider l'armée à combattre contre celui qui était pour eux le grand sujet d'inquiétude? que faire? à quelle porte frapper? A celle de la République ; car la République, c'est ce qui sauve les peuples, c'est le prétexte de tout changement de gouvernement, et c'est surtout ce qui pouvait enrichir quatre misérables charlatans, qui ne veulent autre chose que commander et que s'approprier les biens des autres. Alors on songea à établir la République : ils gagnèrent l'armée, en lui promettant d'abord deux francs par jour, et ensuite le retour dans les foyers une fois qu'ils auraient mis en déroute Don Carlos et son armée.

La République est proclamée ; le peuple gardait le silence, car l'armée était là pour empêcher toute manifestation; mais cette République ne pouvait donner le salut : car les hommes qui la dirigeaient ne s'entendaient pas entre eux, et les Espagnols ne sont pas républicains de cœur.

aplacar la sed de ambicion que les devoraba y que el rey légítimo de España entraba por la frontera francesa á arrancarle del trono, abandonaba su reínado y se retírabá á su patriá.

Que les quedabá á esos hombres para sostenerse, para calmar el pueblo y para hacer ír á el éjércíto á combatír contra quíen les deshaciá sus sueños, les fracasaba sus ídeas y a quíen tanto temían! Que hacer y a que puerta llamar? á la de la Republica; por que la Republica es quíen salva los pueblos, es el pretesto de todo cambio de gobierno y es quíen enríqueze á cuatro miserables charlatanes que no quiaren otra cosa, que mandos y que apropíarse de los bíanes de los otros. Entonces píensan á establecer la Republica, ganan el éjércíto prometiendole de darle dos pesetas por dia, despues una, y de darle la lícencía absoluta, una vez que hubíeran derrotado á Don Carlos y a su éjércíto.

La Republica es proclamada, el pueblo no díce nada (el éjércíto le esperaba con las armas en la mano,) y á demas el creiá en contrar lo que deseaba (su dícha) con ella, pero el pobre pueblo se equívocaba, la republica no podia salvarles, por que los hombres que la dírijían, no se entendían entre eyos y los verdaderos españoles, es decír los españoles de corazon, no son republicanos.

Les présidents se succédèrent et aucun d'eux ne fit rien qui fût utile au pays.

La Commune était proclamée dans le Midi; Carthagène et Alicante presque détruites, et cette noble et courageuse marine jouait le premier rôle.

Pendant ce temps, Don Carlos avançait toujours. L'armée qui le combattait réclamait inutilement ce qu'on lui avait promis. Il n'y avait point d'argent. La congédier, c'était impossible, c'était leur ruine; car alors Don Carlos rentrait en possession du trône sans tirer un seul coup de fusil.

Beaucoup de soldats, se voyant trompés, passèrent à l'armée royale; les Cortès se plaignaient, il fallait les dissoudre; et comment? Le peuple protestera. Comment faire? Pendant que la plupart des soldats se battent sans savoir pourquoi ni contre qui, la garnison de Madrid, commandée par un général (Pavia), pénétra avec fusils et canons dans les Cortès et somma l'Assemblée de se séparer. On protesta, on jeta des cris d'indignation; mais la force armée était là, il fallut obéir.

Serrano est proclamé Président; mais l'armée de Don Carlos avançait toujours, et les généraux envoyés pour l'arrêter avaient été tués, blessés ou faits prisonniers, et tous avaient été mis en dé-

Los presídentes se sucedian, sín que ninguno hicíera nada de bueno,

La revolucíon republícana domínaba en el Medío diá, Cartagena y Alícante estaban casí destruídas y esa valiente y noble marína española jugaba el prímer papel.

Don Carlos avanzaba síempre, el éjércíto que le combatia, reclamaba lo quele habían prometído, no podián darselo por que no habiá dínero, y licenciarle era imposible, era su perdída por que Don Carlos se sentaba sobre el trono sín tírar un solo tíro.

Un sín numero de hombres de todas las clases del éjércíto republicano, bíendose en gañados, se pasaban á don Carlos ; las Cortes gritaban ! era precíso dísolverlas, dísolverlas, y como ! El pueblo se opondra, como hacer; míentras que la mayor parte del éjércíto se batía sin saber porque, ni verdaderamente contra quíen, la guarnícion de Madríd, mandada por un general revolucíonarío (Pavía), entraba en las cortes con sus bayonetas y sus cañones á las puertas y las oblígaba á dísolverse dícíendo que haría fuego sí así no lo hacían, los dísputádos protestaban, grítaban y juraban, pero la fuerza armada estaba presente y era precíso obedecer.

Serrano era proclamado Presidente ; pero el éjércíto de don Carlos adelantaba siempre, y los généraies que habían mandado para, detenerle, los unos habían muerto, los otros prísíoneros y tados derrotados.

route, l'armée perdait chaque jour un grand nombre d'hommes qui passaient aux légitimistes ; tandis que ceux-ci avançaient toujours. Le peuple criait de plus en plus, le commerce était arrêté, tout le monde mourait de faim et de misère, la nation était en dettes que faire se disaient ces hommes, Don Carlos ne voudra point de nos services. Don Carlos a ses serviteurs fidèles et dévoués, qui ne regardent que le bien de la nation et de leur roi. Non ! il ne veut pas de nous, car nous sommes des traîtres, des lâches, nous nous en allons avec l'eau qui coule, nous ne cherchons que notre intérêt. Si la patrie souffre, que nous importe, pourvu que nos poches se remplissent aux dépens de ces pauvres vieillards, veuves, orphelins, et enfin de la nation entière. Mais il faut prendre un parti, car Don Carlos avance toujours ; la nation, elle aussi, est fatiguée de nous et nous allons être perdus ; allons du côté de cet enfant de dix-sept ans, il ne saura que faire, nous le guiderons, nous ferons ce que nous voudrons et à lui sera la responsabilité. Allons du côté de ses partisans, eux nous pardonneront puisque nous les aidons. D'ailleurs la Prusse nous donne la main, marchons ! Mais, et l'armée. Ah ! l'armée, chose difficile ; nous l'avons corrompue tant de fois, nous ferons de même cette fois-ci : nous lui promettrons et tout sera dit. Une fois l'armée gagnée, tout est à nous ; car le peuple fera ce que nous voudrons. Nous donnerons des

El éjércíto de Serrano perdía cada día mucha gente que se pasaba á los carlistas; estos avanzaban mas y mas : el pueblo grítaba y estaba fastidíado, el comercío estaba parado, tado el mundo moria de hambre y de míseria, la nacíon debia mucho; que hacer ? Don Carlos, no nos querra, el nos pondra á la puerta, nosotros no seremos nada, por que don Carlos tíene sus servídores fíeles y consagrados á el, que no miran por otra cosa que por el bíen de la nacíon y de su rey ! No ! es impossible. Don Carlos no nos quíere, nosotros somos unos traídores míserables, nosotros, nos vamos con el agua que corré, nosotros, no miramos que por nosotros y que la nacíon entera sufra que nos importa, cuando tenemos los bolsíllos llenos de lo que hemos robado, a los ancíanos, á las víudas, á los huérfanos, y enfin á la nacíon entera.

Pero es precíso hacer algo, por que don Carlos avanza mucho, la nacíon esta muy harta, y vámos havernos perdidos ; bamonos del lado de ese niño de 17 años, el no sabra que hacer, nosotros le guíaremos, haremos lo que querremos y sobre el caera todo, seamos amígos de sus partídaríos, ellos nos perdonaran, puesto que los ayudamos, desques la Prusiá nos dá la mano, adelante ! Pero y el éjércíto. Bá ! la cosa dífícil, el éjercito, segun le hemos seducído tantas veces, tambíen lo haremos está, le prometeremós y todo sera dicho, una vez el éjércíto ganado todo sera nuestro, por que

libertés; nous tromperons le Pape et le monde entier; nous dirons que c'est pour le bien de la Patrie: le monde dort dans cette époque.

Quant à l'armée, elle est lasse de combattre; nous lui insinuerons qu'en procédant ainsi, le Carlisme sera vaincu et que tout sera pacifié; mais il faut songer au Carlisme; car Don Carlos ne cédera jamais. Bah! nous ferons comme la première fois, nous les corromprons, nous leur promettrons monts et merveilles, nous enverrons des émissaires dans leurs camps pour les décourager, pour leur dire que tout est perdu pour eux, qu'ils ne doivent plus songer à la résistance, et que le seul parti qui leur reste est de se retirer dans leurs foyers ou de rentrer dans l'armée, c'est à cette condition qu'ils seront protégés. Allons ! c'est fait. Songeons à couronner cet enfant, et ensuite nous verrons: l'armée est séduite, l'enfant pardonne; il promet tout ce que nous voulons; nous avons fait conditions avec le chef de leur parti, le coup est fait et a réussi, mais il nous reste le plus difficile, le Carlisme, toujours le Carlisme, partout c'est lui qui nous tourmente, c'est lui qui nous fait trembler. Allons, marchons, nous avons réussi

el pueblo; pobre pueblo! el hara lo que nosotros quer ramos, segun el hemos puesto, el se dara á el díablo en persona, prameteremos muchas líbertades; engañaremos á el Papa y á el mundo entero; y díremos que es por el bíen de la nacíon, el mundo Duerme en esta epoca, el no sabe lo que quíere, y lo que hace, el nos dara credito y todo sera como deseamós.

Cuanto a el éjércíto, el esta cansado de combatír; le diremos que de esta manera concluíra el carlísmo y que todo quedara tranquílo; pero es precíso pensar á el Carlísmo, don Carlos no cedera jamas, el tendra fírme. Bá, haremos como la otra vez, los corromperemos, prometíendoles montes y calvaríos, mandaremós algunos hombres determínados, á su campamento, para desanímarlos y para decírlos que todo es perdído para ellos, que no píensen á don Carlos y que lo mejor que pueden hacer es de retirarse á sus casas ó de entrar en el éjércíto, y que nosotros los protégeremos. Cuenta arreglada! métamós ese níño sobre el trono, y despues veremos.

El éjércíto esta seducído, el níño perdona y todo esta arreglado con los príncípales hombres de su partudo. El galpe es dadó, el á salído bíen; pero nos queda lo mas difícil, el Carlísmo, síempre el Carlísmo por todo, el es quíen nos tormenta, y el es quíen nos hace temblar! adelante! hasta á quí hemos logrado todo cuanto hemos querido, los Carlistas son hombres camo los otros, otra vez los

jusqu'à présent dans tous nos desseins, les Carlistes sont des hommes comme les autres, nous les avons gagnés, non par la force, ils sont redoutables ; mais par la trahison. Oh! la belle chose que la trahison ! c'est avec elle et avec la lâcheté que nous avons toujours gagné; nous gagnerons encore cette fois-ci.

Mais arrêtez ! grands politiques ! Arrêtez ! Messieurs les ministres et les rêveurs ! car vous ne les tenez pas encore; on vous a compris, et on n'épargnera rien pour renverser vos funestes projets. On va dévoiler toutes vos perfides idées à ces loyaux, fidèles et courageux royalistes, afin que, suivant d'autres conseils, ils voient en vous des imposteurs; afin qu'ils repoussent les insinuations des misérables que vous enverrez pour les corrompre ; afin qu'ils les reçoivent à coups de fusils et de sabres. Vous exécrez ceux qui vous disent ainsi vos vérités; mais je ne crains pas vos malédictions : car Dieu est juste et il voit mes vues, ma conscience et ce que vous êtes. On vous brave donc, et l'on va exhorter ces héros et les prémunir contre vos paroles insidieuses, dans toutes les circonstances, dans toutes les occasions, et à toute heure, en tout temps ils seront vos ennemis les plus acharnés ; car vous n'êtes pas des hommes, vous êtes des lâches ; car vous êtes des soldats de Satan, de la révolution, et de la destruction ; et eux défendent

hemos ganado, sí bíen no por lo fuerza, por que diablo, son muy fuertes, si por la traícíon. O ! la buena cosa, la traícíon ! es con ella que siempre hemos ganado y tambíen à hora ganaremos.

Pero alto ahí ! Señores los grandes hombres y las grandes cabezas ! Señores ! Ministros ambício-sos, no tan lígeros, por que ban hacer por quítaros, de la cabeza, vuestras odíosas ídeas y vuestra víl ambícíon; si ban hacer todos los posíbles para ello Señores cabardes y traídores, ban hacer por que no obtengaís vuestras infames íntencíones; ellos miran por el bíen de su patría y vosotros míraís á su destruccíon, han comprendído vuestras detesta-bles ídeas, y ban hacer comprender á esos leales, fíeles y valiéntes defensores de don Carlos, vues-tras íntencíones, y sí síguen los consèjos que les dan, no os daran credito, y en vez de escuchar á los espías que mondareís para seducírles, los recí-beran con una espada en la mano ó con un fusíl sobre el hombro. No os temen por que díos, vé quíen tíene razon, el vé sus ídeas, su concíencía, y las vuestras. O ! si ban a consèjár á esos valíentes, por que no os escuchen, y que esten díspuestos á recíbíros y saber que en todas las círcunstancías, en todas las ocasíones, á todo tiempo, y a toda hora

la religion, la légitimité, l'ordre, l'industrie et les intérêts matériels de leur pays.

Voilà, braves carlistes, pourquoi le peuple Espagnol a pavoisé, a poussé des cris de joie et a salué toutes les révolutions qui se sont succédé ; voilà pourquoi l'armée s'est révoltée ; voilà enfin quels sont les hommes qui sont les véritables auteurs de nos révolutions !

Vous avez vu combien de fois l'armée et le peuple ont été trompés : Eh bien ! tenez-vous sur vos gardes ; comme je vous l'ai déjà dit, on va tâcher de vous tromper à votre tour ; mais nos ennemis en seront pour leurs frais ; car vous serez toujours fidèles à votre religion et à votre roi. A ce roi, qui partout vous a suivis ; qui, comme vous, a supporté les fatigues et les privations d'une guerre, qui a exposé sa vie dans cent combats ; car c'est pour vous et non pour lui qu'il l'a fait. Il le fait pour vous rendre votre prospérité, votre religion ; cette religion que vos pères ont venérée pour la gloire de votre patrie, et pour la civilisation du monde entier ; avec lui vous verrez le terme de tant de misères et de ruines qui s'amoncellent sur cette noble nation, cette nation qui fut la première du

seran vuestros enemígos los mas encarnízados por que vosotros no soís hombres, soís unos monstruos; vosotros defendeís á Sátanás, á la revolucíon, y á la destruccíon; y lo que, ellos defíenden es la relígíon, la légítímídad, el órden, la industriá y la abundancía.

Ahi teneis bravos Carlitas, por que el pueblo español á cogaldo y agrítado vivas tantas veces y á tantos gobíernos, ahí teneís por que el éjércíto se á revolucíonado! Ahí teneís quíen son los hombres que todo lo han hecho.

Ya sabeís cuantas veces el éjércíto y el pueblo han sído engañados, y bíen hacer atencíon a mígos míos, por que como os loe dado á comprender ensayaran á engañaros tambien.

Pero los engañados seran ellos, por que vosotros sereís síempre fíeles á vuestra religion y á vuestro rey, á esé rey, que por todos lados os á seguído, que como vosotros a sufrído las fatigas y las prívacíones de la guerra, que por vosotros á espuesto en cíen combates su vída, por que es por vosotros y no por el que lo á echo, el lo á echo para darós vuestro bien, vuestra religion, esa religion que vuestros padres veneraban y respetaban, por el bien de vuestra madre patriá y por lo prosperidad del mundo entero; por que con el no vereis tanta míseria y tanta ruina como veís en vuestra patriá

monde par sa richesse et son héroïsme, tandis qu'aujourd'hui elle est au nombre des nations les plus infortunées.

Avec lui vous cesserez de voir ces révolutions sans cesse renaissantes qui déchirent et bouleversent notre pays. Comptez les révolutions qui se sont succédé depuis la mort de Ferdinand VII, et vous en serez consternés. Oui, vous resterez fidèles à ce roi qui, abandonnant son épouse et ses enfants, est accouru pour se trouver avec vous. Comme vous, il a partagé le même pain, le même lit de guerre; une fois le combat fini, vous vous êtes reposés, lui il a veillé, étudiant les plans de campagne, et faisant des combinaisons pour le bonheur de son peuple et le vôtre.

L'armée a été séduite, et c'est pour cela qu'elle a crié; le peuple a été trompé et intimidé par l'armée, et c'est pour cela qu'il a acclamé et a pavoisé : tous ces cris ont été forcés, ils n'ont pas été sincères. Les vôtres, vaillants défenseurs de la légitimité, ont été de tout cœur; car personne ne vous a ni trompés ni séduits. Vous avez défendu la religion et la légitimité, parce que vous savez bien qu'avec elles votre patrie sera sauvée, que vos familles et vos propriétés seront respectées; vous avez la raison et le droit de votre côté, et c'est pour cela qu'ils vous redoutent, c'est pour cela qu'ils ont confisqué

que en otros tiempos hasido la primera nacion del mundo, por su riquéza y su heroísmó, y hoy es una de las mas abatídas.

Si, por que con vuestro rey no vereis tantas revolucíones que desgarran y confunden las naciones. Contar y cerrar los ajos de terror sobre el nombre de revoluciones que se han hecho despues la muerte de Fernando VII.

Ese rey que defendeis á abandonado su esposa, y sus hijós por correr á ponerse á vuestro lado, á comido de vuestro mísmó pan y á dormído en un jérgon como el vuestro, una vez el combate concluído, muertos de cansancio os habeís acostado y habeís dormido tranquilos, vuestro rey velaba mientras vosotros reposabaís, vuestro rey trabajába, calculaba y daba disposiciones para salvaros.

El éjércíto hasido seducido y por eso el á aclamado, el pueblo hasido engañado y por la fuerza de las armas el á colgado y grítado, pero esas aclamaciones y esas demostraciones hansido forzosas y falsas. Las vuestras nó, valientes defensores de la legitimitad, las vuestras hansido de todo corazon, por que nadié os á engañado ni seducido, vosotros, defendeis la religion y la légitimidad, por que sabeís bíen, que con su tríunfo vuestra querida patriá sera salvada y vuestras familias y propiedades respetadas, vosotros teneis la razon y el derecho y por eso es por lo que ellos os tiemblan, es por eso que

vos biens, qu'ils ont emprisonné vos pères, vos mères, vos frères, vos enfants, et, en vous privant de vos biens et vous faisant souffrir, ils voulaient vous forcer à vous rallier à eux ; mais vous, courageux fils de la véritable et noble Espagne, vous avez tout souffert avec calme et résignation, sans pour cela renoncer à votre œuvre de civilisation ; au lieu de vous arrêter, redoublant de vaillance, vous les avez vaincus en cent combats; souvenez-vous que vous leur avez donné de cruelles leçons, et que vous leur en donnerez encore; car vous ne renoncerez jamais à votre résolution : défendre votre patrie contre la révolution, et lui rendre votre roi légitime, le seul qui puisse la sauver. Oui, vous la défendrez aujourd'hui avec plus de courage que jamais, aujourd'hui vous savez ce qui vous reste à attendre de ces hommes et ce que vous devez faire.

Vous avez battu les troupes de l'aïeule et de la mère de cet enfant, quoique trois nations vinssent à leur aide par leur argent et leurs armées. Une trahison vous a arrêté alors; en dépit des quatre armées qui vous barraient la route, vous seriez entrés à Madrid, déjà même vous étiez à ses portes. Vous avez battu l'armée d'un roi usurpateur envoyé contre vous. Vous avez mis en déroute cent fois l'armée de la République, et vous battrez mieux encore celle qu'un enfant de 17 ans placé sur le trône par des ambitieux et des intrigants, enverra

las carceles estan llenas de parientes vuestros y por lo que han confiscado sus bienes y los vuestros, por que como os tienen míedo prívando os de vuestros bíenes y haciendo os sufrir quieren que os vallaís á ellos; pero vosotros valientes híjós de la verdadera y noble España, todo lo habeis sufrido y todo recíbido con calma y resignacion, sín por eso renunciar á vuestra abra de civilizacion, y en vez de deteneros, mas valientes que nunca les habeís derrotado en cien combates, ah! si, les habeís dado una buena leccion, y tadaviá le dareís otras, por que no dejáreis de defender vuestra patriá de la revolucíon, para darla vuestro rey legitimo, el solo que puede salvarla. Si, vosotros la defendereis, hoy más que nunca, por que hoy sabeís lo que os queda que esperar de esos hombres, y lo que debeís hacer.

Vosotros habeis batído las tropas de la abuela y de la madre de esé níño, habiendo trés otras naciones contra vosotros, tanto con dinero como con tropas, una traícion os hizo deteneros, síno vuestra entrada en Madrid era segura por que ya estabaís á sus puertas, vosotros habeis derrotado el éjércíto que un rey usurpador habiá mandado para combatiros, vosotros habeís desecho y metído en fuga cíen veces, el éjércíto de una republica, mejór derrotareís el que un niño de 17 años, puesto sobre el trono por cuatro ambíciosos y intrigantes mandara

contre vous. Courage donc, invincibles carlistes, en avant toujours ! vous défendez la religion et l'ordre, vous portez dans vos drapeaux cette inscription sacrée : Dieu, Patrie et Roi, seules choses capables de sauver la société, et Dieu ne vous abandonnera pas, vous défendez ses principes..... En avant, toujours, soldats du Seigneur, ne vous arrêtez pas, la victoire vous attend, vos ennemis vous ont attaqués par tous les endroits qui leur étaient accessibles ; ils ont épuisé tous les moyens de vous nuire.

Pendant le règne de sa mère, ils ne pouvaient pas s'entendre, encore moins pourront-ils s'entendre sous le règne d'un enfant de 17 ans. Les deux hommes qui avaient soutenu la mère sur le trône, sont déjà morts, et ceux qui soutiendront le fils sont des hommes sans foi, sans principes et sans religion. En avant, toujours, les hommes sont les mêmes et les armées et le peuple aussi. Pour vous, rien n'est changé, au contraire, tout est devenu plus facile. Vous ne saviez pas contre qui vous combattiez, aujourd'hui vous le savez. Ne perdez point un instant, fermez l'oreille aux conseils timides et aux suggestions perfides ; marchez sur Madrid, vous verrez, à votre entrée, les rues pavoisées par le peuple et illuminées, vous entendrez des acclamations aussi, et l'armée embrassera

contra vosotros. Valor y animo invencibles Carlistas, adelante síempre, vosotros defendeis la relígion y el orden, vosotros llevais en vuestra bandera la inscrípcion de Dios, Patriá y Rey, solas cosas que pueden salvar la sociedad del mundo entero y Dios no os abandonara, por que defendeís sus principios, adelante síempre soldados del Señor, no os detengais, que vuestra sera la victoria.

A todas las puertas que esos hombres impios puedan llamar, lo han hecho ya, no les queda otro media que el que tíenen, y este es de tanta seguridad como los pasados.

Sobreel reínado desumadre no podían entenderse entre ellos, menospodranhacerlo áhora con un níño de 17 años, los dos hombres que habían sostenido la madre sobre el trono, han muerto ya, y los que sostendran á el híjó, son hombres, sín relígíon, sin fé y sin principíos.

Adelante siempre, los hombres, son los mísmos, el pueblo y el éjércíto tambien, por vosotros nada acambíado, al contrario todo se á puesto mejor, mas claró y mas fazil, hantes no sabíais á punto fijó contra quien os batiais, á hora lo sabeis. Nada de reflesíones que harán perder el tiempo, nada de consejos á entender, nada de traídores á escuchar, levantar la frente y marchar sobre Madrid, vosotros vereis como á vuestra entrada el pueblo colgará ilumínará y aclamará y como el éjércíto os

votre cause, s'unira à vous et vous appellera des sauveurs.

Oui, vous aussi vous entendrez les cloches sonner, vous verrez les rues pleines d'oriflammes et des fêtes partout; mais ces cris, ces cloches qui sonneront et ces fêtes seront l'expression sincère de l'enthousiasme général; car aujourd'hui ces fêtes sont forcées, imposées par la force.

Oui, ces fêtes seront la manifestation de sentiments réels; le peuple espagnol a éprouvé une trop profonde misère sous le gouvernement de dona Isabelle, conseillé par ces mêmes hommes, qui l'ont détrônée, qui ont appelé un roi étranger, qui ont proclamé la République et qui, ensuite se voyant perdus, ont mis sur le trône le fils de cette femme.

Le peuple connaît très-bien ces hommes; pour vous il ne vous connaît pas, car ce qu'on lui a dit de vous ne sont que des calomnies infâmes.

Le peuple connaîtra la vérité. On dit à ce pauvre peuple que votre Roi est un absolutiste Peut-il y avoir un gouvernement plus absolu que celui de dona Maria Christina, mère de dona Isabelle?

On a dit aux troupes que Don Carlos contraindrait chaque soldat à aller à la messe. Sous le règne de dona Isabelle, la troupe y allait tous les dimanches et jours de fête, et celui qui y manquait

abrazará, se unira á vosotros y os llamaran libertadores.

Si, vosotros tambien entendereis las campanas sonar, y vereis las calles llenas de gallardetes y fiestas por todos lados : pero esas aclamaciones, esas campanas que sonaran y esas fiestas, seran de corazon y de entusiasmo. Esas de hoy son por la fuerza.

Si, esas fiestas seran de corazon y de entusiasmo, por que el pueblo español á visto y á sufrido mucho, con el gobierno de Isabel II, á consejada por esos mismos hombres, que la han destronado, que han llamado á un rey estrangero, que han proclamado una republica, despues una dictadura y por último viendose perdidos, han puesto sobre el trono á el hijo de esa pobre señora.

El pueblo conoce muy bien á esos hombres y á vosotros no os conoce todavia, por que lo que le han dicho de vosotros no son que calumnias infames, ese pueblo conocera lo verdad un dia.

Le han dicho á ese pobre pueblo que vuestro rey es un absoluto ! Puede haber un gobierno mas absoluto que el de Maria Cristina !

Han dicho á la tropa que don Carlos la hara ir á la misa.

En el reinado de Isabel II, la tropa iva á la misa todos los dias de fiesta, y domingos y el

était sévèrement puni. (Un jour je me trouvai sérieusement indisposé au moment d'aller à l'office avec mon escadron, je n'eus pas le temps d'en avertir mon capitaine, je fis huit jours d'arrêts, infligés par mon colonel.)

On a dit au peuple que Don Carlos supprimera la liberté des cultes ; sous dona Isabelle cette liberté était inconnue. Quiconque n'était pas catholique ne pouvait entrer dans l'armée, ni prétendre à aucune charge publique.

Un article de l'ordonnance militaire portait : que tout soldat de l'armée espagnole serait « catholique, apostolique et romain, » et que, dans le cas contraire, il serait chassé des armées ; les mariages civils étaient une chose inconnue ; il fallait se marier devant l'Église ; le jeudi, vendredi et samedi saint, jusqu'à dix heures du matin, les voitures, les chevaux et tout ce qui faisait du bruit ne pouvait circuler ; on ne pouvait chanter ou crier dans les rues ; les jours de fête les magasins restaient fermés, et celui qui travaillait était sévèrement puni. Dans beaucoup de circonstances, un groupe de trois personnes dans les rues était frappé par la loi ; dans les cafés et dans les maisons on était épié. Celui qui était surpris parlant contre le gouvernement et (même sur un simple soupçon) était incarcéré ; et quelques jours après, enchaîné comme un criminel, il était envoyé en

que faltaba sín ninguna razon, era severamenté castigado. (Me acuerdo muy bíen que una vez que me encontre enfermo al momento de bajár con mi escuadron para ir á la misa y que no tubé tiempo de advertir á mi capitan, me pusieron arrestado por órden de mi coronel).

Le han dícho á el pueblo que don Carlos no permitira la libertad de cultos.

Isabel II, no la permitía tampoco. Quien no era catolico, no podiá entrar en el éjércíto, ni en ninguna administracion del estado.

Un articulo de la órdenanza militar decía : que todo individuo que no sea catolicó, apostolicó romanó, no podra entrar en el éjércíto; los casamíentos civiles no se conocian, todo el mundo lo hacia por la iglesia solamente; el jueves, viernes y sabado santo, hasta las diez de lo mañana, los coches, caballos y todo lo que hacía ruido, no podia handar por las calles, nadie podia cantar, gritar ni blasfemar. Los dias de fiesta y domingos, los almacenes estaban cerrados despues de medio dia y en los últimos meses de su reino, no se abrian en todo el dia; y el que trabajábá, era castigado con una multa. En bastantes circunstancias un grupo de trés personas en la calle, estaba prohibido; en los cafes y los casas, escuchaban lo que se hablada. Y si por casualídad entendian decir algo sobre el gobierno, ó tenían dudas contra vosotros, os metian en la carcel y algunos días despues, en cuerdas como

exil dans quelques îles de l'Amérique! On se souciait fort peu de la douleur et des larmes de la famille. Les troupes changeaient chaque année de garnison, afin qu'elles ne pussent se lier avec les habitants, la lecture des journaux et tout commerce avec le peuple étaient interdits aux militaires; les exécutions étaient à la mode, car sous aucun règne elles ne furent aussi fréquentes.

En 1866, S. M. la reine de toutes les Espagnes et des Indes, dona Isabelle II de Bourbon, par la grâce de Dieu, (des révolutionnaires) et de la constitution, laissa l'armée massacrer le peuple sans aucun merci. Deux jours après, la cour donnait de grandes fêtes, et une joie indécente régnait au palais, pendant que le pauvre peuple mourait de faim, et que les prisons regorgeaient de prisonniers espagnols. Le jour suivant, la reine allait à la chapelle de Notre-Dame d'Atocha pour remercier Dieu et la Sainte Vierge de son triomphe; à son passage le peuple la saluait et l'acclamait; deux jours auparavant il la maudissait, mais la force était là. Jamais cour d'Europe n'a eu plus de faste.

Ce que je raconte a eu lieu de nos jours, nous en avons été tous témoins. Quels étaient lesconseillers, de cette reine? C'étaient les mêmes hommes qui entourent aujourd'hui le fils. Sur qui s'appuyait Isabelle? Sur ces mêmes hommes qui l'ont perdue et qui perdront le fils. Eh bien! le peuple peut-il

á criminales, os mandaban desterrados á Fernando Póo, y á otros sitíos parecidos sin escuchar las esclamacíones y los llantos de vuestras familías. Las tropas estaban cambíadas de guarnicíon todos los años por que no se hiciera simpatias con el pueblo á quien le estaba prohíbido hablar, los periodicos tambien le estaban defendidos de léer, los fusilamíentos estaban á la moda, en ningun reino sehan visto tantos.

En 1866, S. M. la reina de las Españas y de las Indías, doña Isabel de Borbon por la gracia de Díos (de los hombres), y de la constitucíon, permitia que el éjércíto se batiera sin piedad contra el pueblo. Dos días despues, la corte era un escandalo de la alegría que reinaba, mientras que el pobre pueblo se moria de hambre, y que las carceles estaban llenas de españoles. A el dia siguiente, la reina iba á dar gracías, á Dios y á la Vírgen á la capilla de Atocha por el triunfo obtenído. A su pasaje, el pueblo la saludabá y la aclamabá ; dos días ántes, la maldecia, pero el éjércíto estaba por ella, y era precíso hacer demostracíones. Jamas ninguna corte de Europa á ostendado tanto lujó ní tanta grandeza.

Y bien todo eso es de nuestros días, casi todos lo hemos conocído y muchos visto.

Quíenes eran los que aconsejában esas cosas á esa reína.

Los místmos hombres, pue rodean hoy á el híjó.

Quíen la permítía hacer esas cosas.

craindre rien de semblable de la part de don Carlos? Non, mille fois non, car don Carlos a des sentiments plus nobles, et il ne le fera pas; il vous en a donné sa parole dans ses manifestes. Don Carlos sait très-bien que nous sommes éloignés de ces temps où se pratiquaient de semblables rigueurs. Il faut bien réfuter ces calomnies absurdes, puisque vos ennemis n'ont pas d'autres armes.

Don Carlos est un roi de notre temps, et il sait très-bien ce qui convient pour gouverner une nation dans le siècle où nous sommes. Il a plus d'énergie et d'expérience que cet enfant, et surtout, il est roi par le droit, tandis que cet enfant c'est le roi de la révolution et de la force. Quant aux hommes qui entourent don Carlos, que peut on reprocher à ces loyaux et fidèles conseillers de notre roi? Rien! car eux n'ont trahi ni leur roi, ni leur patrie, et ils ont souffert dans l'émigration sans changer d'opinion, pleurant sur leur patrie deshonorée, pendant que les autres changeaient mille fois de parti pour se disputer les honneurs, et déchiraient leur patrie, loin de mourir pour elle. Ah! oui, il y a une grande différence des uns aux autres, vous en avez des preuves vivantes; les uns ont été des hommes cupides, les autres ont sacrifié tout à l'honneur.

Esos mismos hombres que la perdíeron y que perderan á el híjó.

Y ese pobre puéblo puede creer que don Carlos hara esas cosas ni la mitad tampoco.

No, y mil veces no, don Carlos es muy noble de carazon y de sentímíentos y en el no caben esas infamías, el no lo hara, el os lo á bíen prometído en sus manífíestos. Don Carlos sabe muy bíen que no estamos en los tiempos en los cuales se pasaban las cosas que sus enemigos le reprochan, (hay esta toda la defensa de ellos.)

Don Carlos es un rey de nuestra época, y el sabe muy bíen lo que combiene hacer para gobernar una nacion de este siglo. El tiene mas energiá y mas experiencia que ese niño y sobre todo el es rey por el derecho, mientras que ese niño es el rey de la revolucion y de la fuerza.

Cuanto á los hombres que rodehan á el uno y á el otró, quien puede decir nada de esos leales y fieles consejeros de don Carlos, nadie. Ellos nunca han echo traicion á su rey, ni á su patria, y ellos han sufrido en la emigracion sin cambiar de opinion, llorando sur patria deshonoradá, mientras que los otros cambiaban mil veces de partido por disputarse los hónores, y desgarraban su nacion, envez de morir por ella. Ah ! si hay una grande diferencia de los unos á los otros, desde luego el ejemplo os lo hace conocér, los unos,han sido los hombres del dinero y los otros dél honor, y donde se en cuentra el honor no puede entrar el dineró por que el se vá y el honor queda.

Un homme d'honneur, quoique pauvre, est admiré, respecté et admis partout. Un homme avide d'argent est flatté en raison du pouvoir de son vil métal, mais il est méprisé et blâmé du monde entier ; l'argent facilite les entreprises et aplanit tous les obstacles, mais ne donne pas l'honneur ; et pour l'homme c'est le plus précieux des trésors. L'homme d'argent lui-même ne peut refuser sa vénération à l'homme d'honneur, il s'incline forcément devant lui, quoique, au fond de son âme il le déteste et cherche souvent la ruine de son honneur et de son crédit.

L'honneur, mes amis, c'est la première chose qu'un homme doit avoir, un tel homme verra toutes les portes et toutes les confiances ouvertes devant lui. Ne le perdez pas, vous qui le possédez, car vous possédez un grand trésor, et vous ne serez, à proprement parler, dans le malheur que le jour où vous le perdrez.

Si vous perdez l'honneur vous serez chassés, méprisés et détestés en tous lieux ; vous rentrerez dans la catégorie des lâches et des traîtres. L'homme cupide est tout cela, et pour l'argent il ferait tout.

Vous savez déjà que le peuple a pavoisé et poussé des acclamations sous la pression de la force et de la nécessité, vous savez que l'armée à acclamé et s'est soulevée sans savoir ce qu'elle faisait, par les

Un hombre de honor aun cuando pobre es admitido y respetado en todos lados.

Un hombre de dinero es adulado por el poder de esé vil metal, pero el es menos preciado y vituperado del mundo entero.

El dinro facilita todos los medios y franquea todos los obstáculos, pero no dá el honor y para el hombre es el mejór tesoros.

Un hombre de dinero no puede por menos que vénérar y respetar á un hombre de honor. Y que descubrirse delante de el, por que el reconoce un poder que el no posée.

El honor amigos mios, es la primera cosa que un hombre debe tener, con el obtendra todas las puertas abiertas y todas las confianzas seran á el.

No le perdais, vosotros los que le teneis, por que poseéis un gran tesoró, y des graciados podeis llamaros, el dia que le dejáreis escapar, por que entonces en vez de ser respetados, admirados del mondo entero y admitidos en todas partes con confianza y veneracion, sereis echados, ultrajados y detestados, por que entrareis en la categoria, de los cobardes, de los canallas y de los traidores. El hombre de dinero es eso y mucho mas, por que por el dinero lo hará todo.

Sabeis que el pueblo á aclamado y á colgado por la fuerza y por la necesidad.

Sabeis que el éjército á aclamado y se á revolu cionado, por la ignorancia, por les promesas y tam

promesses et par le besoin, car les meneurs, les chefs du mouvement se sont gardés de publier les motifs pour lesquels ils fomentaient la rébellion.

Vous savez que ces hommes sont les auteurs de tous vos malheurs, et qu'ils ont la responsabilité de tous les désordres. Vous comprenez dès lors ce que le peuple espagnol peut espérer de cet enfant dirigé par ces mêmes hommes. Son règne ne vaudra pas peut-être même celui de sa mère.

Je reviens, à vous magnanimes défenseurs de la religion et de la légitimité, ; écoutez à présent les conseils d'un ami.

Vous défendez deux choses qui, dans tous les temps et dans toutes les conjonctures, ont donné à l'Europe la paix, la tranquillité et la grandeur. Vous défendez deux choses nécessaires à toute nation qui ne veut pas courir à sa ruine ni tomber en décomposition, ni rouler dans le précipice, vous en avez l'exemple : regardez ce que sont devenues ces riches colonies que l'Espagne avait dans l'Amérique, elles ont été vendues et livrées pendant les troubles qui désolaient notre pays.

Regardez autour de vous et dites-moi si vous voyez l'Espagne comme vos pères vous l'ont donnée. Que sont devenues ses immenses richesses et ses terres sans limites, vous les avez perdues, et vous

bien por la necesitad, por que los hombres que los dirigen, los han echo ignorantes con sus maneras de obrar y sus palabras, les á prometido, por llegar á su objeto, y los á echo tener necesidad, para obtener de ellos cuanto han querido.

Sabeis que esos hombres todo lo han abrazado y á todo han cambiado. Sabeis entoncés, lo que el pueblo español puede esperar de ese niño, conducido por tales hombres. Lo que de el puede esparar, es lo que su madre le á dado durante su reinado, nada de mas, puede ser de menos todavia. A vos otros á hora honorables defensores de la religion y de la légitimidad.

Vosotros defendeis dos cosas, que en tados tiempos y en todas las ocasiones, han dado en Europa la paz, la tranquilidad y la grandeza. Sin ellas el mundo entero sera siempre á ruinado, perdido y en una ravolucion general que la destruirá y la conducirá á el precipicio, el mas profundo. Teneis el éjemplo á la vista, mirar y decirme que se han echo esas ricás posesiones que la españa poseia en America. Vendidas y dadas traidoramente por las revoluciones y otras que se han dejado arrebatar.

Mirar al rededor vuestro y decirme si veis la España como vuestros padres os la han dejádo, donde veis ese oro, esos diamantes, esas piedras preciosas, esas riquezas y esas tierras que ellos

ne les recouvrerez pas tant que la révolution dominera. Rappelez-vous que Gibraltar est située sur le sol espagnol, mais que ce sont les Anglais qui en sont les maîtres, grâce à la trahison. Cuba, cette île d'une richesse incomparable, vous avez été sur le point de la perdre, et, au milieu de cette série de révolutions, vous la perdrez infailliblement. Si vous voulez conserver ce qui vous reste, si vous voulez reconquérir ce que vous avez perdu, vous n'avez qu'un moyen c'est de restaurer la royauté légitime.

Ces hommes, qui ont fait la révolution, ont voulu vous donner un roi prussien, comme ils vous ont donné un roi italien, et alors vous auriez cessé d'être espagnol, car l'idée de la Prusse était de faire de quatre nations une seule, la Prusse, l'Allemagne, la France et l'Espagne, gouvernées par un seul homme; mais Dieu ne l'a pas permis, et qui a tout souffert? c'est cette pauvre France, votre amie, celle qui tant de fois vous a ouvert ses portes et ses bras; car, si bien des fois elle vous a fait du mal, ça été sous l'impulsion de gouvernements révolutionnaires, et parce qu'elle y était forcée pour ne pas manquer à la neutralité; mais croyez-le bien, elle ne l'a fait qu'à contre cœur, et chez elle vous avez trouvé bien des sympathies. Croyez bien que la Prusse est pour beaucoup dans l'avénement d'Alphonse XII au trône d'Espagne. Je suis jeune encore et sans grande expérience des affaires

habian conquistado No, no las veis y no las vereis jamas, mientras que la revolucion reine. Todo lo habeis perdido, y por una traicion, teneis una terrible posesion estrangera que os dominá (Gibraltar) en medio de las aguas españolas, y la Habana, esa rica isla de Cuba que habeis estado y estais en visperas de perderla, y que perdereis todavia si la revolucion continua á reinar, por que la revolucion, sigue á la revolucion, nada á migos mios, nada puede salvaros si no la monarquia legitimista.

Los hombres que han echo la revolucion, han querido daros an rey prusiano, como os habian dado un italiano, entances amigos mios, entences, hubierais sido prusianos y no españoles, por que la idea de la Prusia era de hacer de cuatro naciones, una, la Prusia, la Alemania, la España y la Francia, gobernadas por un solo hombre, pero Dios no lo á permitido asi, y quien todo lo á sufrido, asido la pobre Francia, esta Francia vuestra amiga que tantas veces os á abierto sus puertas y sus brazos, por que si ella os á echo algun mal, asido exijido por los gobiernos revolucionarios y por ser forzada por no faltar á la neutralidad; pero creer lo bien que no asido de todo corazon, en ella habeis encontrado buenas simpatias y protecciones. Creeis vosotros que la Prusia no es pornada en la proclamacion de Alfonso XII en españa. Ah! si, ella es por mucho, soy jóven tadavia y no tengo una grande

politiques ; mais quand j'ai vu que la Prusse envoyait des armées, des canons et même des officiers dans le camp républicain, et une escadre dans les eaux d'Espagne, beaucoup se sont dit : on veut mettre un prince prussien en Espagne; mais j'ai regardé la situation de l'Europe, et j'ai été convaincu que le coup allait être en faveur du fils d'Isabelle II; une fois tout secrètement arrangé, l'escadre se retirait, et peu après, l'événement était accompli.

Telle a été l'action de la Prusse; la politique prussienne abhorre la monarchie légitime, elle sait que cette monarchie est le soutien de la religion, elle sait qu'un monde catholique se relèverait pour balancer la puissance germanique, elle cesserait de dominer l'Europe.

La Prusse ne pouvait songer à mettre un de ses princes sur le trône d'Espagne, car l'opposition qu'elle aurait rencontrée eût été trop sérieuse. Dans cette conjoncture, que se proposa-t-elle? Soutenir la République espagnole ? rien n'était plus éloigné de son idée. Ce qu'elle voulait, c'est ce que j'ai déjà dit et ce qui est déjà fait. Le temps nous le fera voir plus clairement, et vous verrez si je me suis trompé.

Voilà une fois de plus encore ce que sont ces hommes qui dirigeront ce jeune prince, et ces

experiencia sobre los asuntos politicós; pero cuando hevisto que la Prusia mandaba, armas cañones y mismó oficiales á el campamento republicano, y una escuadra á los puertos españoles, muchos habian dicho : quieren poner un rey prusiano en España, y yo me soy dicho, comprendiendo un poco la situacion de la Europa; no el galpe sera por el hijo de Isabel, una vez todo arreglado en secreto, la escuadra se habia retirado y poco despues el pronunciamiento estaba echo.

Ah si ella no podia hacer de otro modo, 'por que la legitimidad no la conviene, ella defiende y sostiene la religion y la Prusia no quiere eso.

Con la legitimidad ella sabe muy bien, que el mundo catalicó se levantará, y en tonces, sera su perdida, por que ella no dominara mas tiempo y la mano de Dios, y la de los hambres la confundiran.

La Prussiá no podia buscar á poner uno de sus principes sobre el trono de España, por que se oposarián las atras naciones. En tonces, que queriá la Prussiá ! queriá sostener la repúblicá españolá ; O ! no, es imposible, eso tampoco la convenia, lo que ella queria, es lo que vengo de deciros y lo que se a écho ya. El ! tiempo nos lo hara ver mas claro y en tonces vereis como no me he équivocado.

Todaviá, una vez, ya sabeis quien son los hombres que aconsejan á ese joven principe.

hommes emploieront pour vous séduire les promesses, les honneurs, l'argent et d'odieuses calomnies. Ne vous laissez pas séduire, car alors toute cette gloire que vous avez gagnée, toute ces souffrances que vous avez endurées, et tout votre dévouement se tourneront en trahison, lâcheté et ambition, et vous ne trouverez nulle part protection ni sympathie.

Le règne de cet enfant est précaire, et vous ne savez pas ce que la Providence vous reserve.

Quant à Don Carlos, vous le connaissez tous très-bien vous savez que ce qu'on pourra vous dire est pur mensonge, et que ses actes démentiront les suppositions mensongères de ses ennemis ; car vous qui êtes avec lui et qui voyez les choses de près, vous avez le devoir de le défendre et de publier ce qu'est ce grand Roi ; ce que sont ses desseins et combien il désire le bien de l'Espagne ; mais, j'en ai la confiance, vous ne vous laisserez, pas abuser et vous fermerez l'oreille aux paroles de ces hommes. Vous avez remporté cent victoires, et vous avez poussé en avant votre marche victorieuse, vous vaincrez toujours ; car vous avez affaire aux mêmes hommes et aux mêmes troupes.

Du courage, braves et loyaux Carlistes, en avant toujours et aujourd'hui plus que jamais;

Esos hombres buscaran por todos, los medios posibles à poder seduciros, con promesas, honores y dinero y con odiosas calumnias. No os dejeis corromper, por que entonces, toda la gloria que habeis guanado, todas las penas que habeis sufrido y toda vuestra fidelidad, se convertiran, en Traicion, Cobardia y Ambicion, y en vez de admiraros como el mundo entero lo hace, os détestaran y no en contrareis simpatiás ni proteccion en ningun lado. El reinado de ése niño no es de seguridad y no sabeis lo que Diós os reserva.

A Don Carlos, todos le conoceis muy bien y sabeis que todo lo que podran deciros no es otra cosa que una infame calumnia, por que sabeis que el no hara lo que le suponen sus énemigos.

Vosotros, vosotros que estais con el y que veis todo lo contrario, debeis defenderle, hacer ver la verdad y que lo que vuestro rey, quiere no es otra cosa que el bien de la España y de los españoles. Pero no, no os dejareis seducir, ni escuchareis à esos hombres.

Vosotros habeis ganado cien victorias, por todas partes, vencedores habeis pasado, tadavia las ganareis y siempre vencereis, por que siempre teneis contra vosotros, los mismos hombres y á las mismas tropas, que cien veces habeis derratado.

Animó, bravos y leales carlistas, adelante siempre, hoy mas que nunca por que la ocasion

car l'occasion est plus propice; nnion et confiance, Dieu vous bénit et le monde entier vous contemple. C'est vous qui sauverez l'Europe, en montrant que la force ne prime pas le droit.

Vous êtes comme une armée de croisés, vous avez donné un grand exemple que suivront d'autres peuples, et l'ordre reparaîtra dans l'Europe. Comme les croisés, vous aussi vous combattez pour une cause sainte.

Veillez, fidèles compagnons, peut-être vous aurez un autre Maroto, si déjà vous ne l'avez pas; défiez-vous de tout; surveillez même vos camarades et n'ayez confiance qu'en Dieu, en votre Roi, en vos chefs, en ceux que vous connaissez déjà pour leur courage, leur fidélité et leur dévouement; ayez confiance en vous-mêmes (c'est-à-dire dans votre courage); persévérez dans le sentier de l'honneur où vous vous êtes maintenus si bien jusqu'à ce jour, vos ennemis, vous les écraserez. Le Dieu des combats est avec vous et il ne vous abandonnera pas, jusqu'à ce que vous rentriez à Madrid. Espoir donc et n'écoutez rien, ne craignez rien, car vos ennemis ne peuvent prévaloir contre vous; vous défendez le Roi de droit, eux défendent le Roi de la révolution, et Satan ne triomphera jamais de Dieu; car si Dieu a permis le triomphe momentané de l'usurpateur, a été pour punir les peuples, et pour leur ouvrir les

es mejor que jamas, union et confianza, Diós os béndice y el mundo entero os contempla, vosotros sereis quien salvareis la Europa, y el mundo civilizado os la débera todo; como el ejercito de las cruzadas, vosotros combateis por una santa causa.

Alerta fieles compañeros, por que puede ser tendreis otro Maroto, si todavia no le teneis, no os fieis de nada, vigilar todo hasta vuestros compañeros, y no tengais confianza, que en Diós, en vuestro Rey, en vuestros gafes que conoceis por su valor y fidelidad y en vosotros mismos (es decir en vuestro arrojo). Seguir siempre como hasta à qui, ser honrados siempre, con eso dareis un buen ejemplo á vuestros enemigos y vosotros los confundireis.

El Diós de los combates es con vosotros y el no os abandonara nunca, hasta que entreis à Madrid.

Esperanza y no escucheis nada, ni temais nada, vuestros enemigos no pueden nada contra vosotros, vosotros defendeis el rey del derecho, ellos defienden el rey de la revolucion, y Satanas nunca triunfará sobre Diós, por que si Diós á permitido hasta á qui muchas cosas, asido para castigar

yeux. Il lèvera le châtiment et bientôt la religion et la légitimité triompheront.

Moi, non plus, je ne crains rien, mes amis, je parle dans la sincérité de mon cœur, nos ennemis savent très-bien que je dis la vérité, et qu'ils pourront être bientôt confondus. J'ai deux fils, si Dieu me les conserve et me laisse la vie jusqu'à ce qu'ils soient des hommes, ils ne seront jamais les sujets de ces usurpateurs; je les conduirai par le bon et vrai chemin et comme leur père ils crieront toujours... Vive la religion! vive le roi légitime! vive la patrie.

Pour la dernière fois, mes amis, l'honneur avant tout. Soyez esclaves de Dieu; repoussez loin de vous toute idée de trahison envers votre Roi, pour qui vous avez tant souffert, n'écoutez pas les promesses séduisantes, marchez la tête levée, et ne perdez pas l'occasion que la Providence vous présente. Courage, Carlistes! courage! aimez toujours votre Roi et votre Patrie, vous sauverez la religion et le droit.

Carlistes !....

Vive la religion !...
Vive l'Espagne !...
Vive notre Roi Don Carlos VII !...
Vive la légitimité !...

FIN.

los pueblos y por hacerlos avrir los ojos, el levantara el castigo infligido y la religion y la legitimidad reinaran.

Yo tampoco amigos miós, yo no temó nada, yo oshablo francamente, nuestros enemigos saben muy bien que yo digo la verdad y que ella les cunfundira à jamas, dós hijós tengo, que si Diós me los conserva y me dejá la vida hasta que seran hombres, hare todos los possibles para arrancarlos de las manos de esos hombres, los conducire por la buena y verdadera senda y como su padre gritaran siempre. Viva! la Religion ; Viva ! el Rey légitimó ; Viva ! mi Patria !

« Por la última vez amigos mios , el honor siempre por delante, conduciros bien, no seais traidores à vuestro rey por quien tanto habeis sufrido, no escucheis las promesas halagúeñas, andar siempre con la frente descubierta y no perdais la buena ocasion que la Providencia os presenta. »

Carlistas animo siempre, amar siempre vuestra religion, vuestro rey y vuestra patria, vosotros la salvareis todo y por todo sereis los primeros.

Carlistas !

Viva ! la Religion.
Viva ! la España.
Viva ! nuestro Rey Don Carlos VII.
Viva ! la legitimidad.

FIN.

2425. — TOURS, IMPRIMERIE LADEVÈZE ET ROUILLÉ, RUE CHAUDE, 6.

27

www.ingramcontent.com/pod-product-compliance
Lightning Source LLC
LaVergne TN
LVHW010045230826
846091LV00005B/1872

* 9 7 8 2 0 1 3 2 6 1 5 6 2 *